Adosphère

Méthode
de français

A1.A2

2

Céline Himber, Marie-Laure Poletti et Joëlle Bonenfant

Cahier d'activités

hachette
FRANÇAIS LANGUE ÉTRANGÈRE

www.hachettefle.fr

POUR LE CAHIER D'ACTIVITÉS

Couverture : Nicolas Piroux.

Photo de couverture : Tin Cuadra

Création du graphisme intérieur : Anne-Danielle Naname.

Adaptation de maquette et mise en pages : Valérie Goussot.

Illustrations : Frédérique Vayssières, Sylvain Girault (pour la rubrique apprendre à apprendre).

Secrétariat d'édition : Astrid Rogge.

Crédit photographique : Shutterstock.

POUR LE CD-ROM

Sérigraphie : Nicolas Piroux.

Auteur des activités : Laure Hutchings.

Conception, ergonomie et graphisme : La Petite Graine.

Logiciel de création d'activités autocorrectives : Grupo Santa Maria.

Intégration : Desk.

Crédits photographiques : Shutterstock.

Les activités du CD-Rom sont à faire en renforcement, elles sont signalées par le logo 🔍 **dans les pages Mon Portfolio.**

ISBN : 978-2-01-155717-9

© Hachette Livre 2011.

Faisons connaissance !

MODULE 0

1 **a. Qui parle ? Associe.**

1.

a. J'adore faire la cuisine !

2.

c. Je fais des collections d'objets.

b. J'écris des poèmes.

d. J'aime beaucoup les sciences.

e. J'habite au Québec mais je vais au collège en France.

4.

f. Mes passions : la télé et l'aventure !

3.

5.

6.

7.

8.

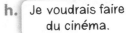

g. J'adore organiser des projets humanitaires !

h. Je voudrais faire du cinéma.

b. Dessine-toi et présente-toi avec une phrase simple.

....
....

2 **Déchiffre les questions, puis réponds personnellement.**

a. Qelule ets at coeulur prérééef ? → ....
....

b. À qluele urhee ut te veslè el mnati ? → ....
....

c. Tu sa ueql gâe ? → ....
....

d. Tu sa un amanil de comgnipae ? → ....
....

Dix bonnes raisons
d'apprendre le français !

1 **Pourquoi apprennent-ils le français ? Complète.**

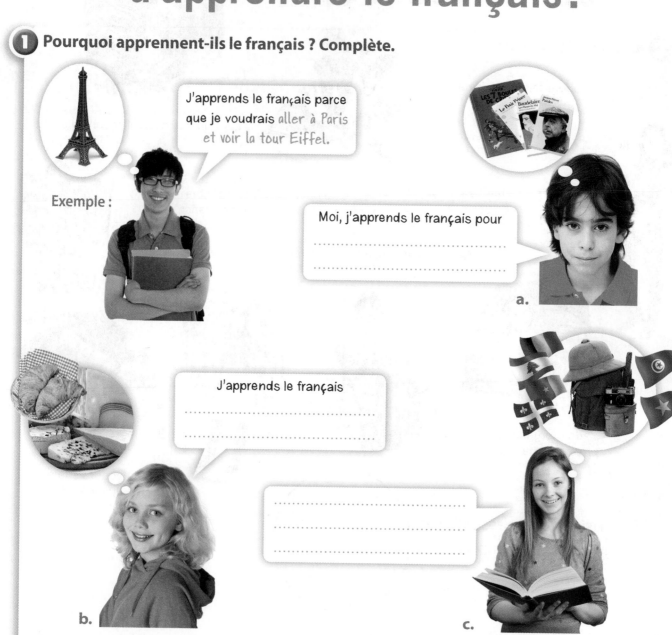

J'apprends le français parce que je voudrais aller à Paris et voir la tour Eiffel.

Exemple :

Moi, j'apprends le français pour
....
....

a.

J'apprends le français
....
....

....
....
....

b.

c.

2 **Entoure les trois autres bonnes raisons d'apprendre le français.**

a. Parce que j'ai de la famille au Québec.

b. Pour être en classe avec mes copains et mes copines.

c. Parce que j'aime beaucoup les sciences.

d. Parce que j'adore la musique de la langue française !

e. Pour parler avec mes copains anglais.

f. Pour aller en vacances à New York.

g. Parce que j'adore l'histoire de France !

h. Parce que j'adore les vêtements : je voudrais connaître le pays de la mode !

Révise ton français !

Complète, puis associe.

a. Pour jouer au basket, les sportifs utilisent .... mains et .... pieds.

b. .... bibliothèque François-Mitterrand, c'est .... bibliothèque très célèbre à Paris !

c. .... matin, je .... lève .... sept heures.

d. .... est huit heures .... le quart.

e. .... est la couleur du cochon ?

f. Huit + vingt-quatre = ...

g. Nous .... les .... bleus et les .... longs.

h. Pourquoi je .... aime .... le sport ? .... je déteste les compétitions.

1.

2.

3.

4.

5.

6.

7.

8.

apprendre à apprendre

Et toi, comment utilises-tu ton livre ?

a.

b.

c.

Un Canadien au collège

Les adjectifs de nationalité, d'origine

1 **Complète avec des adjectifs de nationalité.**
(Attention à l'accord !)

Exemple : → Une danseuse *espagnole.*

 → Une ville

a. ....

 → Un drapeau

b. ....

 → Des symboles

c. ....

 → Un repas

d. ....

→ Une collégienne ....

e.

Poser des questions

2 **Imagine les questions. Utilise *où, quand, comment, pourquoi, est-ce que, qu'est-ce que.***

Exemple : Est-ce que tu parles français ? → Oui, je parle français, je suis québécois.

a. ....

→ Je vais au collège Jacques-Prévert à Paris.

b. ....

→ Ils s'habillent avec un uniforme.

c. ....

→ Au collège, nous aimons la récré, mais pas la cantine.

d. ....

→ Je voudrais aller au Canada parce que les Canadiens sont très sympas.

e. ....

→ J'ai cours de français à dix heures.

Ma vie au collège en France

Le collège et les matières scolaires

1 **Où sont-ils ? Complète.**

Exemple :

→ Manon est à la *cantine*.

a.

→ Jeanne est en cours

de ....

....

b.

→ Wassim et Émilie

sont dans la cour de

....

c.

→ Hugo est au

...................................,

en cours de ....

d.

→ Akiko est en cours

d'............................

....

Les verbes *prendre*, *comprendre* et *apprendre*

2 **Complète la grille avec les verbes *prendre*, *comprendre* ou *apprendre* à la forme correcte.**

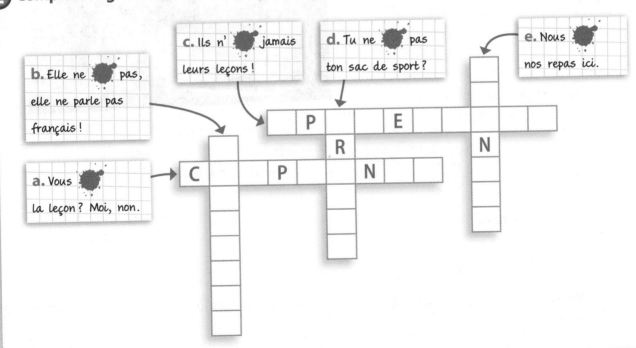

b. Elle ne ⬛ pas, elle ne parle pas français !

c. Ils n' ⬛ jamais leurs leçons !

d. Tu ne ⬛ pas ton sac de sport ?

e. Nous ⬛ nos repas ici.

a. Vous ⬛ la leçon ? Moi, non.

Zap Collège

Les adjectifs de caractère

1 **Quel est leur caractère ? Observe et complète. (Attention à l'accord des adjectifs !)**

a.  → Elle est

....

b.  → Elle est

....

c.  → Il est

....

d.  → Elle est

....

e.  → Il est

....

f.  → Elle est

....

Exprimer la fréquence

2 **Associe et complète avec** *jamais, quelquefois, souvent, toujours.*

a. Tu manges à la cantine tous les jours ?

b. Tu fais .... tes devoirs ?

c. Tu n'es .... stressé ?

1. Je suis .... stressé mais pas tous les jours !

2. Oui, ... ! Je suis sérieuse !

3. Non, pas tous les jours, ... seulement.

Grand jeu du collège français

LEÇON 4 — Ma page culture

① Associe et complète.

a. C'est la première classe du collège.

b. C'est une bonne note.

c. C'est une mauvaise note.

d. C'est après le collège.

e. C'est l'examen de la fin du collège.

1. _ IN _ _ SUR _ I _ _ _

2. LE _ _ C _ _

3. LE B _ _ V _ _ DES _ O L _ _ _ _ S

4. Q _ A _ _ _ SUR _ I _ _ _

5. LA SIX _ _ M _

Mon cours d'instruction civique

② Classe les attitudes dans le tableau.

a.  J'arrive en retard en classe.

b.  J'écoute les autres quand ils parlent.

c. Je fais mes devoirs.

d. J'oublie souvent mes affaires.

e.  Je n'écris pas sur les tables.

f.  Je ne lève pas la main pour parler.

Je respecte les règles.	Je ne respecte pas les règles.
b, ...	....

1 Évalue tes connaissances p. 24 de ton livre.

2 Colorie la cible en fonction de tes résultats.

Tu as 0 ou 1 point → Colorie en
Tu as 2 ou 3 points → Colorie en
Tu as 4 ou 5 points → Colorie en

Maintenant, tu sais...

décrire ton caractère
et celui de tes copains

parler de ta nationalité,
de tes origines

parler de ta vie au collège
et de ton emploi du temps

poser des questions

3 Fais les exercices correspondant à tes résultats.

Parler de
ta nationalité,
de tes origines
(Tu as ● ou ●)

1. Quelle est leur nationalité ?

Exemple :   Je viens de Madagascar. → Elle est malgache.

a. Nous venons du Maroc. → Ils ....

b. Je viens d'Algérie. → ....

c. Je viens du Japon. → ....

d. Nous venons d'Allemagne. → ....

Décrire
ton caractère
et celui de
tes copains
(Tu as ● ou ●)

2. Trouve dans la grille sept autres adjectifs de caractère.

A	V	A	S	T	R	E	S	S	E
B	M	M	E	U	B	E	A	L	S
G	O	U	R	M	A	N	D	I	T
E	T	X	I	G	V	D	R	V	R
N	I	S	E	E	A	M	O	O	E
T	V	E	U	N	R	P	L	L	R
I	E	R	X	I	D	E	E	S	S
L	M	A	N	T	I	M	I	D	E

Parler de ta vie
au collège et
de ton emploi
du temps
(Tu as ou)

3. Observe l'emploi du temps et complète.

	8 h	9 h	10 h	11 h	12 h	14 h	15 h
Lundi		Vie de classe			Cantine		
Mardi					Cantine		

– Tu as cours le lundi après-midi ?

– Oui, j'ai deux heures d'.........................

– Et le mardi après-midi ?

– J'ai seulement une heure d'.........................

– Quand est-ce que tu as cours de

.... ?

– Le lundi avant la .... et

le mardi à huit heures.

– Et cours de .... ?

– Le mardi après le cours de

.... et le lundi avant

l'heure de vie de classe.

Poser des
questions
(Tu as ou)

4. Complète avec pourquoi, où, quand, comment, puis associe.

a. .... est-ce qu'il ne parle pas ?

b. .... est-ce qu'il habite ?

c. .... est-ce que tu viens ?

d. .... est-ce qu'il vient au collège ?

1. Chez son cousin.

2. En bus.

3. J'arrive !

4. Parce qu'il est timide.

Tu as
partout ?
Tu es un
champion !!

5. Complète avec les mots suivants.

stressé – apprendre – comprend – sciences physiques – jamais –
toujours – motivé – collège – matière – comment – devoirs

J'adore le collège et je suis très .... mais je suis ....

.... en cours de .... Je n'aime pas cette

.... et je ne fais .... mes ....

.... faire pour .... quand on ne .... rien ?

apprendre à apprendre

Et toi, comment fais-tu pour être bien au collège ?

a.

le français est très difficile
Je ne comprends pas.

b.

c.

Où est
mon carnet?

Les objets et les meubles

1 **a. Devinettes. Remets les mots dans l'ordre et complète les phrases.**

| BLATE | HECASI | SERÉGATÈ | LIUTAFUE | PANCÉA |

a. Je peux m'asseoir sur une *chaise* ou un ....

b. Une .... a quatre pieds.

c. Je peux m'allonger sur le .... pour lire ou regarder la télé.

d. Je range mes livres sur les .... de la bibliothèque.

b. Réponds à la question en utilisant les lettres orange.

Où habite Marion ? Sur une ....

Localiser dans l'espace

2 **Remets les phrases dans l'ordre, puis place les objets à l'endroit indiqué.**

Exemple :

| la / fruits / table / les / sont / sur | → Les fruits sont sur la table.

a. derrière / est / fauteuil / sac / le / par terre / le

→ ....

b. du / est / au-dessus / canapé / tableau / le

→ ....

c. chaise / verte / une / entre / rouges / les / il y a / chaises

→ ....

d. table / livre / sous / il y a / un / la

→ ....

e. est / étagère / de / à côté de / l'/ l' / escalier

→ ....

Les pièces de la maison

1 **Complète la grille avec les pièces de la maison et trouve la pièce mystère.**

1. C'est la première pièce de la maison.
2. Dans cette pièce, il y a toujours un lit.
3. On prépare les repas dans cette pièce.
4. On va toujours seul dans cette pièce !
5. C'est une partie extérieure de la maison.
6. On discute, on regarde la télé dans cette pièce.
7. Il monte et il descend.
8. C'est un passage entre les pièces.
9. Cette pièce est aussi un meuble.

La pièce mystère est la _ _ _ _ _ _ de _ _ _ _ _ _ .

C'est… / Il (Elle) est… Ce sont… / Ils (Elles) sont…

2 **a. Classe les mots et groupes de mots suivants dans le tableau.**

ma maison – belle – tranquille – passionnants – les toilettes – par terre – une péniche – original – ma pièce préférée – mes vêtements – des livres de poésie – très utiles – colorés – ancien – propres – un fauteuil – petite

C'est	Ce sont	Il est	Elle est	Ils sont	Elles sont
ma maison	....	....	belle	....	....
....	....	....	....	....	....
....	....	....	....	....	....
....	....	....	....	....	....
....	....	....	....	....	....

b. Forme cinq phrases à partir des éléments du tableau.

Exemple : *C'est ma maison, elle est belle.*

a. ....

b. ....

c. ....

d. ....

e. ....

Change
ta chambre !

Le verbe *vouloir*

1 **Retrouve les formes du verbe *vouloir* au présent, puis transforme les phrases comme dans l'exemple.**

VEULENTVEUXVOULONSVEUTVOULEZ

Exemple : Elle a une grande chambre. → Elle veut avoir une grande chambre.

a. Vous habitez dans une grande maison.

→ ....

b. Mes copines décorent leur chambre.

→ ....

c. Tu changes la couleur de ta chambre ?

→ ....

d. On transforme la maison.

→ ....

e. Nous déménageons bientôt.

→ ....

Les objets de décoration

2 **Retrouve le nom des objets de décoration.**

a.

→ une L _ _ P _

b.

→ un _ _ _ S _ _ _ _

c.

→ un _ A _ _ _ A _

d.

→ un _ _ _ I _

e.

→ un _ O _ _ _ R

f.

→ des _ _ _ _ T _ S

LEÇON 4 Ma page culture

La vie de château

1 **Associe.**

a. C'est le roi François I\ :sup:er qui m'a construit.

b. Je suis le château du Roi Soleil.

c. Je ressemble à un pont sur l'eau.

d. On peut se promener dans ma galerie des Glaces.

e. J'ai quatre tours rondes.

f. Je suis le plus grand des châteaux de la Loire.

g. Je suis près de Paris.

h. Je suis construit sur le Cher.

1. le château de Chambord

2. le château de Versailles

3. le château de Chenonceau

Mon cours de littérature

2 **Reconstitue le début du poème de Jacques Prévert et retrouve son titre.**

il dit non

sont posés

avec le cœur

à ce qu'il aime

on le questionne

soudain

~~il dit non~~

au professeur

et il efface tout

mais il dit oui

~~avec la tête~~

le fou rire le prend

et tous les problèmes

il dit oui

il est debout

Il dit non avec la tête

....

....

....

....

....

....

....

15

Mon PORTFOLIO

1 Évalue tes connaissances p. 36 de ton livre.

2 Colorie la cible en fonction de tes résultats.

Tu as 0 ou 1 point → Colorie en 🖌
Tu as 2 ou 3 points → Colorie en 🖌
Tu as 4 ou 5 points → Colorie en 🖌

Maintenant, tu sais...

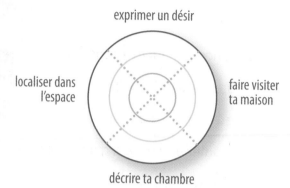

exprimer un désir

localiser dans
l'espace

faire visiter
ta maison

décrire ta chambre

3 Fais les exercices correspondant à tes résultats.

Localiser
dans l'espace
(Tu as 🖌 ou 🖌)

1. Observe le dessin et complète les phrases avec des prépositions de lieu.

> sous – entre – à côté d' – sous – au-dessus du – sur

Exemple : Les plantes vertes sont
sous la fenêtre.

a. La table est .... le canapé
et les fauteuils.

b. Le tableau est .... canapé.

c. Les livres sont .... la table.

d. La guitare est .... un fauteuil.

e. Le tapis est .... la table.

Exprimer
un désir
(Tu as 🖌 ou 🖌)

2. Complète avec le verbe *vouloir*, puis associe.

a. Tu veux la lampe rouge ou la lampe verte ?

b. Mes parents .... changer de maison.

c. Il .... peindre les murs en blanc.

d. Est-ce que vous .... habiter ici ?

e. Nous .... une grande table.

f. Je .... une chambre près du bureau.

1. Et moi, à côté de la terrasse.

2. Non, je n'aime pas cette maison.

3. Je préfère la bleue !

4. Pourquoi pas en gris ?

5. Pour manger dans la cuisine ?

6. Pourquoi ? Elle est super ta maison !

Faire visiter ta maison (Tu as ou)

3. Remets le dialogue téléphonique dans l'ordre.

a. Comment elle est ?

b. J'aimerais bien la voir !

c. Nous avons trois chambres, un salon, une salle de bains et une cuisine.

d. Et vous avez un jardin ?

e. Allô ?

f. Magnifique !

g. Oui, avec beaucoup d'arbres.

h. Il y a combien de pièces ?

i. Clara ? C'est Alice. Ça y est, je suis dans ma nouvelle maison !

j. Si tu es libre mercredi, je t'invite.

→ e, ...

Décrire ta chambre (Tu as ou)

4. Complète la description de la chambre avec les mots donnés.

lit – tapis – photos – fauteuil – lampe – il y a – fenêtres – ordinateur – étagères – grande

Ma chambre est au premier étage. Elle est grande et a deux ....

Mon .... est par terre sur un .... gris. Il y a aussi

un petit .... où je lis. J'ai un bureau avec mon .... et

une .... Bien sûr, ... des .... avec

mes livres. J'ai aussi décoré les murs avec des .... de mes amis.

Tu as partout ? Tu es un champion !!

5. Complète ce que disent les personnes avec les mots suivants.

château – veux – chambre – sur – voulons – escaliers – objets – péniche – voulez – parc – veut – meubles

Exemple : Où voulez-vous habiter ?

a.

Nous .... vivre .... une .... parce qu'on .... voyager et vivre sur l'eau.

b.

Moi ?! Dans un .... comme à Versailles avec de grands ...., au milieu d'un .... magnifique.

c.

Je .... surtout une .... pour moi tout seul avec des .... très modernes et tous les .... que j'aime.

apprendre à apprendre

Et toi, comment fais-tu pour améliorer ta prononciation en français ?

a.

b.

c.

On l'achète ?

Les pronoms COD

1 Complète avec un pronom COD, puis imagine d'autres phrases à partir des dessins.

Exemple : → Je l'achète pour ma mère.

a. → Tu .... invites pour ton anniversaire ?

b. → Vous .... prenez à la bibliothèque.

c. → Il .... collectionne !

d. → Il ne .... porte pas.

e. → Nous .... écoutons souvent.

f. → ....

g. → ....

h. → ....

Acheter quelque chose

2 Remets le dialogue dans l'ordre.

a. Tu vas l'acheter ?

b. Quel est le prix ?

c. Regarde ce carnet, il est chouette !

d. Combien ils coûtent ?

e. C'est cher !

f. Un euro cinquante le stylo et six euros trente le livre.

g. Dix euros quatre-vingts…

h. Oui, mais je l'adore !

i. Non, j'ai seulement huit euros… Mais je vais prendre ce stylo et ce livre.

→ c, ...

Ma passion : mes collections

LEÇON 2 Ma page perso

Parler de ses passions

1 Reconstitue les phrases et complète les bulles.

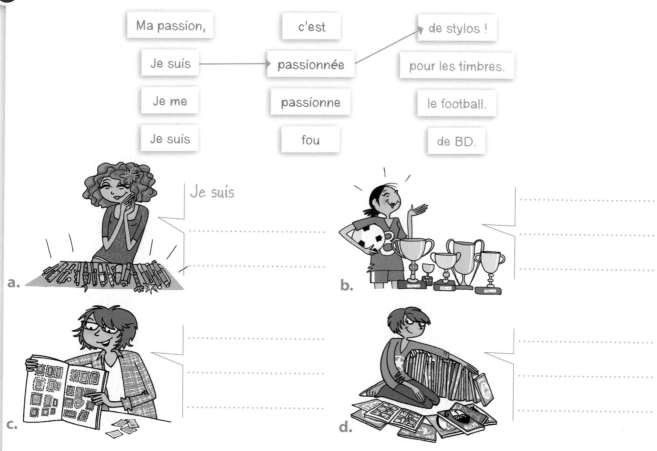

Ma passion,	c'est	de stylos !
Je suis	passionnée	pour les timbres.
Je me	passionne	le football.
Je suis	fou	de BD.

Je suis

a.

b.

c.

d.

Les adjectifs démonstratifs

2 Complète avec un adjectif démonstratif.

Exemple :

Ma préférée, c'est **cette** casquette !

.... objet est un cadeau de mes copains !

a.

b.

.... boîte vient de ma grand-mère.

c.

.... timbre coûte très cher !

d.

.... trois montres sont les mêmes, mais je les adore !

Grand vide-greniers

Les questions avec *combien*

1 Formule les questions avec *combien* ou *combien de*.

Exemple : Combien d'euros est-ce que tu as dans ta poche ?

Dans ma poche, j'ai cinq euros.

a. ....

Ce livre coûte huit euros.

b. ....

J'achète deux cadeaux, un pour Jeanne et un pour Hugo.

c. ....

Je parle deux langues : français et espagnol.

d. ....

Nous sommes six.

Les nombres de 70 à 100

2 Écris les prix en lettres.

Exemple : 9,95 € → neuf euros quatre-vingt-quinze

a. 72,50 € → ....

b. 99,99 € → ....

c. 84,79 € → ....

d. 100,80 € → ....

e. 70,76 € → ....

Où acheter en France ?

1 Où font-ils leurs achats ?

a.

→ Il est dans un ....

b.

→ Il est dans ....

c.

→ Elle est dans ....
....

d.

→ Elle est au ....
....

e.

→ Il est dans ....
....

Mon cours de géographie

2 Associe.

a. J'utilise le zloty.	1. Je suis espagnol.
b. J'utilise l'euro.	2. Je suis polonaise.
c. J'utilise la livre.	3. Je suis danois.
d. J'utilise la couronne.	4. Je suis anglais.
e. J'utilise le leu.	5. Je suis roumain.

Mon PORTFOLIO

1 Évalue tes connaissances p. 48 de ton livre.

2 Colorie la cible en fonction de tes résultats.

Tu as 0 ou 1 point → Colorie en ▰
Tu as 2 ou 3 points → Colorie en ▰
Tu as 4 ou 5 points → Colorie en ▰

Maintenant, tu sais...

faire des achats

compter de
70 à 100

parler de ton argent
de poche,
de tes dépenses

parler de tes passions

3 Fais les exercices correspondant à tes résultats.

Compter
de 70 à 100
(Tu as ⬤ ou ▰)

1. Écris les résultats en lettres.

a.

→ ....

b.

→ ....

c.

→ ....

d.

→ ....

Faire
des achats
(Tu as ⬤ ou ▰)

2. Associe.

a. Tu l'achètes ?

b. Combien ça coûte ?

c. Ça fait dix euros.

d. Quel est le prix du livre ?

e. Qu'est-ce que tu achètes pour ta sœur ?

1. Non, je n'ai pas mon argent de poche.

2. Oh ! là, là ! C'est cher !

3. Il coûte sept euros cinquante.

4. Je prends un jeu.

5. Deux euros quatre-vingts.

Parler de
ton argent
de poche, de
tes dépenses
(Tu as   ou)

3. Trouve qui est qui.

a. Paul n'a pas d'argent de poche.

c. Lucie vend ses vieux vêtements et gagne de l'argent.

b. Thibault dépense vingt euros.

d. Marie achète des pièces pour sa collection.

1.   **2.**   **3.**   **4.**

→ .... → .... → .... → ....

Parler de
tes passions
(Tu as   ou)

4. Entoure la réponse correcte.

a. Je me passionne *pour / de* les photos de stars.

b. Je suis fou *de / par* lecture.

c. Je suis passionné *de / par* cinéma.

d. Ma passion, *c'est / ce sont* ma collection d'autocollants.

e. J'adore *la / les* pièces de monnaie anciennes.

Tu as
partout ?
Tu es un
champion !!

5. Complète le texte de l'affiche avec les mots suivants.

fous d'

vide-greniers

de collection

de l'argent de poche

acheter ou vendre

d'occasion

passionnez pour

acheter pas cher

GRAND ....

VOUS ÊTES .... OBJETS

.... ? VOUS VOUS ....

LES VÊTEMENTS .... ?

VOUS VOULEZ .... ? OU VOUS

VOULEZ VOUS FAIRE .... ?

VENEZ ....

SAMEDI 22 MARS !

apprendre à **apprendre**

Et toi, comment fais-tu pour chercher la signification d'un mot ?

a.   **b.**   **c.**

LEÇON **1**

Moi et les autres

Des courses
pour notre pique-nique

Les aliments

1 Complète la grille et trouve l'aliment préféré d'Hugo à l'aide des cases colorées.

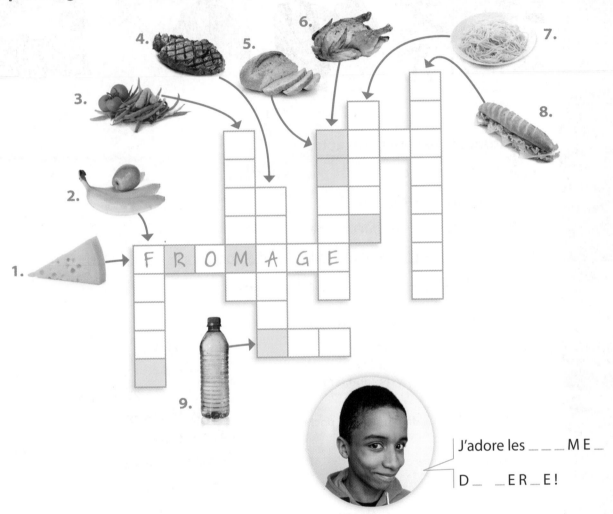

J'adore les _ _ _ M E _

D _ _ E R _ E !

Les articles partitifs *du, de la, de l', des*

2 Complète avec *du, de la, de l', des* ou *pas de.*

Exemple : Akiko adore les crêpes ! → Elle mange *des* crêpes à midi.

a. Hugo déteste les légumes. → Il ne mange .... légumes.

b. Wassim aime beaucoup la viande. → Il mange .... viande tous les jours.

c. Moi, je n'aime pas le poulet. → Je ne veux .... poulet !

d. Les ados aiment bien les jus de fruits. → Ils prennent souvent .... jus de fruits le matin.

e. À table, tu préfères l'eau ou les jus de fruits ? → Je bois toujours .... eau.

f. Les Français aiment le fromage. → Ils mangent .... fromage à tous les repas.

24

LEÇON 2
Ma page perso

Les bonnes recettes
d'Akiko

Faire une recette de cuisine

1 **Reconstitue la recette de cuisine avec les éléments suivants.**

a. Tu laves la salade.

b. tu les fais cuire.

c. Tu ajoutes les morceaux de fromage et la vinaigrette.

d. Tu les mélanges avec la salade.

e. Tu coupes le poulet en petits morceaux,

f. Tu mets au frigo une heure.

> *La salade au poulet*
>
> Ingrédients :
> ✱ Une salade verte   ✱ Du fromage
> ✱ Des morceaux de poulet   ✱ De la vinaigrette
>
> **Pour faire la salade au poulet, c'est facile :**
>
> Tu laves la salade. ....
> ....
> ....
> ....
> ....
> ....
> .... **Et voilà !**

Exprimer la quantité

2 **Complète avec une expression de quantité.**

Exemple : → une *boîte de* bonbons

a. → un ....
gâteaux

b. → une ....
pâtes

c. → deux ....
pain

d. → un ....
poulet

e. → une ....
confiture

f. → un ....
chips

Bon appétit !

Les verbes *devoir* et *boire*

1 **a.** Reconstitue les formes verbales et complète les phrases.

b. Trouve ensuite les deux intrus.

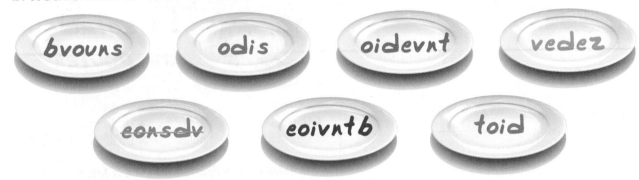

bvouns   odis   oidevnt   vedez

eonsdv   eoivntb   toid

Exemple : Est-ce que nous devons couper la viande en petits morceaux ?

a. Ils .... manger des fruits et des légumes tous les jours.

b. Quels ingrédients est-ce que je .... utiliser pour faire cette recette ?

c. Vous .... faire cuire les pâtes et après les mélanger avec les légumes !

d. Il ne .... pas manger trop de chips, ce n'est pas bon pour la santé !

Intrus : ....

Exprimer la quantité

2 **Complète avec** *(un) peu de / d', assez de / d', beaucoup de / d', trop de / d'.*

Est-ce que tu as une bonne alimentation ?

Oui, je bois beaucoup d'eau et pas .... boissons sucrées, je mange .... tout et .... fruits et légumes : cinq par jour, minimum. Mais je suis très gourmande, je mange .... gâteaux ! Il y a .... sucre dans les gâteaux 😟. Et ma mère dit aussi que je ne mange pas .... poisson, mais moi, je n'aime pas ça !

À la table des Français

1 Observe le dessin et complète le dialogue.

LE SERVEUR. – Bonjour mesdames, qu'est-ce que vous voulez manger ?

AKIKO. – Moi, comme plat, je voudrais un .... Et toi, maman ?

LA MÈRE. – Moi, je vais prendre une ....

LE SERVEUR. – Ah désolé, je n'ai plus d' .... , mais je vous propose

un ....

LA MÈRE. – D'accord.

LE SERVEUR. – Et comme dessert, nous avons des ....

AKIKO. – C'est très bien !

Mon cours de maths

2 Associe.

a. Cent cinquante grammes de sucre = …	1. 20 g
b. Dix décilitres d'eau = …	2. 10 cuillères à soupe
c. Un kilo de farine = …	3. 100 cl
d. Six cuillères à café de café = …	4. 2,5 dl
e. Un quart de litre de jus de fruits = …	5. 1000 g

Mon PORTFOLIO

1 Évalue tes connaissances p. 60 de ton livre.

2 Colorie la cible en fonction de tes résultats.

Tu as 0 ou 1 point → Colorie en 🖌
Tu as 2 ou 3 points → Colorie en ⬜
Tu as 4 ou 5 points → Colorie en 🖌

Maintenant, tu sais...

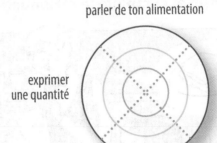

parler de ton alimentation

exprimer une quantité

faire des recommandations

faire une liste de courses

3 Fais les exercices correspondant à tes résultats.

Exprimer une quantité
(Tu as 🖌 ou 🖌)

1. Complète avec les mots suivants.

cuillère – 250 grammes – du – assez – de la – trop – paquet

a. Pour faire cette recette, je dois utiliser .... de farine.

b. Tu prends un .... de chips pour le pique-nique ?

c. J'ajoute .... sucre et .... farine avec les œufs ?

d. Mets une .... de confiture dans ton yaourt, c'est excellent !

e. Manger .... de sucre, ce n'est pas bon pour la santé.

f. Oh ! non, je n'ai pas .... de farine pour faire des crêpes !

Parler de ton alimentation
(Tu as 🖌 ou 🖌)

2. Trouve le repas qui correspond à chaque ado.

1.

2.

3.

4.

a. Jeanne n'aime pas la viande et elle ne mange pas de dessert. Elle boit toujours de l'eau.

b. Émilie adore manger du poisson. Elle ne boit jamais d'eau au repas.

c. Étienne boit du jus de fruits à table et mange souvent de la viande. Il aime les fruits pour le dessert.

d. Wassim aime beaucoup les légumes mais il adore aussi les desserts au chocolat. Il boit seulement de l'eau.

Faire des
recomman-
dations
(Tu as ou)

3. Quelles recommandations leur faire ? (Utilise le verbe *devoir*.)

a.

b.

c.

d.

→ Il ....

→ Elle ....

→ Vous ....

→ Tu ....

.... ! .... ! .... ! .... !

Faire une liste
de courses
(Tu as ou)

4. Observe le dessin et fais la liste des courses nécessaires pour ce petit déjeuner.

Liste de courses :

– du pain

– de la ....

– ....

– ....

– ....

– ....

– ....

Tu as
partout ?
Tu es un
champion !!

5. Entoure le mot correct.

Salut Jeanne ! Je suis arrivée au Japon et voici mes *dîners / repas / desserts* : je mange beaucoup *du / de / des* poisson, parce que c'est très bon. J'adore aussi *les / des* okonomiyaki : c'est une omelette japonaise avec des petits *paquets / morceaux / tranches* de viande ou de poisson ! D'habitude, j'adore les choses sucrées, mais ici je ne mange pas *des / de / le entrée / desserts* parce qu'ils sont bizarres, comme par exemple le gâteau de haricots rouges... Je vais noter les *recettes / repas / nourriture* pour te faire goûter à mon retour. Gros bisous, Akiko

apprendre ◄ à ► **apprendre**

Et toi, comment fais-tu pour mieux comprendre la grammaire ?

a.

b.

c.

Les aventures d'Hugo

Le passé composé avec *avoir*

1 Retrouve les participes passés, puis complète les phrases au passé composé.

REGARDÉVUFAITRACONTÉLUEUPRIS

Exemple : Hier, j'*ai lu* une information incroyable dans le journal !

a. Vous .... votre exercice ?

b. Mes copines .... l'émission hier soir.

c. Tu .... beaucoup de cadeaux pour ton anniversaire !

d. Nous n'.. jamais .... le train fantôme.

e. Ils .... des photos de la star.

f. Hugo .... son histoire à tout le monde.

Échanger sur des expériences passées

2 Associe les questions et les réponses.

a. Vous avez déjà joué dans un film ?

b. Vous n'avez jamais eu de problème pendant vos émissions ?

c. Vous avez déjà fait combien d'émissions *Des histoires incroyables* ?

d. Vous avez déjà lu des critiques sur votre émission dans le journal ?

e. Vous n'avez jamais animé une autre émission ?

1. Des problèmes ? Oui, j'ai déjà eu beaucoup de problèmes techniques !

2. Soixante-dix-neuf. Demain, nous allons enregistrer l'émission n° 80 !

3. Non, jamais. Tout le monde aime mon émission !

4. Non, c'est ma première émission !

5. Non, je ne suis pas très bon acteur.

Mes personnalités préférées

La télévision et les stars

1 **Lis les définitions et complète la grille.**

Définitions :

1. Il participe au jeu.
2. Il aime l'aventure et les voyages.
3. C'est un programme à la télé ou à la radio.
4. *Super Nanny*, c'est ce type de programme.
5. Il présente une émission.
6. Elle vient entre deux émissions.
7. TF1, France 2 et France 3 sont les principales à la télévision française.

Le passé composé avec *être*

2 **Conjugue les verbes au passé composé. Accorde les participes passés si nécessaire.**

> **> GRAND JEU-CONCOURS !**

Répondez aux questions et envoyez vos réponses

pour **gagner** une **rencontre avec votre star préférée**.

Exemple : Quel acteur *est devenu* (devenir) célèbre avec le film *Vive la vie* en 2006 ?

a. Quelles stars .... (passer) à la télé dans l'émission *Stars d'aujourd'hui* ?

b. Quels animateurs .... (partir) de l'émission *Tout pour la musique* ?

c. Quelle chanteuse française célèbre .... (mourir) en 1963 ?

d. Quelle aventurière .... (aller) vivre dans le pôle Nord pendant deux ans ?

e. Quels candidats .... (rester) pendant une heure avec des araignées dans le jeu Fort Boyard ?

Fort Boyard

Localiser dans le temps

1 Reconstitue la règle du jeu et complète avec *d'abord,*
ensuite, ~~au début du~~, à la fin de, pendant.

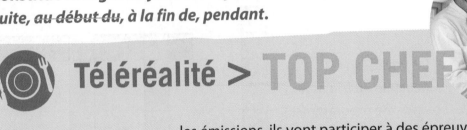

Téléréalité > TOP CHEF

a. .... les émissions, ils vont participer à des épreuves :

b. et ...., des grands chefs de cuisine vont goûter leurs plats.

c. .... chaque émission, les grands chefs vont choisir le candidat

qui va partir.

d. ...., ils vont réaliser des recettes de cuisine

e. *Au début du* jeu, il y a 14 candidats.

→ *e,* ....

Les nombres jusqu'à l'infini

2 Lis les informations et retrouve l'année de naissance de chaque personnage.

*Marc est né deux cents ans après la Révolution
de mille sept cent quatre-vingt-neuf.
Lisa est née douze ans après Marc.
Noémie est née quatre-vingt-trois ans avant Marc.
Victor est né cent deux ans après Noémie.
Louis XVI est né deux cent quarante-sept ans avant Lisa.*

a. Marc est né

en mille neuf cent

....

b. Lisa est née en

....

....

c. Noémie est née en

....

....

d. Victor est né en

....

....

e. Louis XVI est né en

....

....

La télévision française

1 **Vrai ou faux ? Rétablis la vérité quand c'est faux.**

a. *Plus belle la vie* est une chaîne de télé.

→ ....

b. *Le 20 heures* est un journal télé.

→ ....

c. *Un dîner presque parfait* est une émission de téléréalité.

→ ....

d. *Coco Chanel* est une styliste et une série.

→ ....

e. TF1, M6 et Arte sont des chaînes de télé.

→ ....

Mon cours d'histoire

2 **Place les noms des personnages sur la frise et associe-leur un symbole.**

Louis XVI – Coco Chanel – Jeanne d'Arc – Victor Hugo

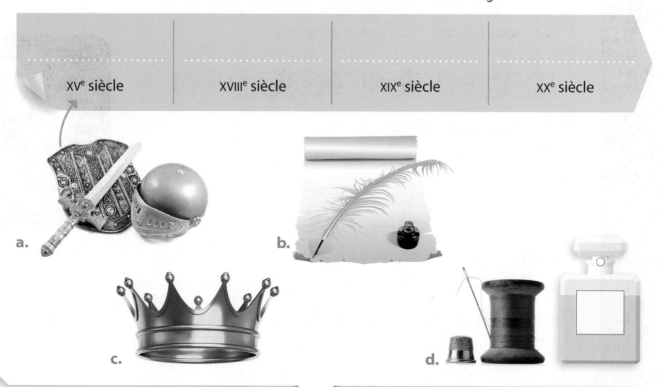

| XVᵉ siècle | XVIIIᵉ siècle | XIXᵉ siècle | XXᵉ siècle |

a.

b.

c.

d.

Mon PORTFOLIO

1 Évalue tes connaissances p. 72 de ton livre.

2 Colorie la cible en fonction de tes résultats.

Tu as 0 ou 1 point → Colorie en
Tu as 2 ou 3 points → Colorie en
Tu as 4 ou 5 points → Colorie en

Maintenant, tu sais...

raconter des événements passés

compter jusqu'à l'infini

localiser dans le temps

donner des informations biographiques

3 Fais les exercices correspondant à tes résultats.

Compter jusqu'à l'infini
(Tu as ou)

1. Complète les suites.

a. dix mille .... onze mille onze mille cinq cents ....

b. .... mille neuf cent quatre-vingt-dix

mille neuf cent quatre-vingt-quinze ....

c. .... quatre cent trente cinq cent quarante

d. cent deux mille .... cent six mille ....

Raconter des événements passés
(Tu as ou)

2. Conjugue les verbes au passé composé.

UNE HISTOIRE DE FANTÔMES !

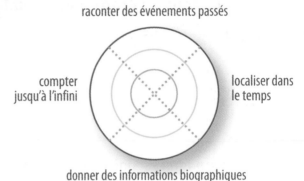

Hier, un garçon de treize ans .... (rester) bloqué

dans un train fantôme pendant plus d'une heure.

Quand il .... (sortir), il ....

(raconter) son aventure : « Je n'........................ pas .... (avoir)

peur : les fantômes du train sont très gentils !! Nous .... (parler)

ensemble, nous .... (manger) des gâteaux et j'........................

(voir) des choses secrètes sur leur vie ! À la fin, ils m'........................ (donner)

un autographe ! »

Localiser
dans le temps
(Tu as ● ou ●)

3. Choisis la bonne réponse.

a. Pour participer au jeu, *au début de / d'abord / ensuite*, tu t'inscris.

b. *D'abord / Pendant / Ensuite* l'interview, il a raconté son histoire.

c. Le personnage est mort *pendant / à la fin / d'abord* du film.

d. Le train a eu un problème, et *d'abord / pendant / ensuite*, nous sommes restés une heure dans le noir.

e. *Au début / Pendant / D'abord* du jeu, je n'ai pas compris la règle, mais après, j'ai compris.

Donner des
informations
biographiques
(Tu as ● ou ●)

4. Remets les phrases de la biographie de Victor Hugo dans l'ordre.

a. Il a d'abord écrit beaucoup de poèmes.

b. Il a dû partir de la France pendant vingt ans (1851-1871).

c. Victor Hugo est né en 1802.

d. et en 1843, il a arrêté d'écrire pour participer à la vie politique de la France.

e. Il est mort en 1885.

f. Ensuite, il est devenu très célèbre avec ses romans *Notre-Dame de Paris* et *Les Misérables*

→ ....

Tu as ●
partout ?
Tu es un
champion !!

5. Complète avec les mots suivants.

célèbre – passée – pendant – déjà – stars – jamais – chaîne – cinq cent soixante-dix-neuf –
née – animateur – émissions – eu – vu

Je suis .... en 1999 et je ne suis pas .... !

Je n'ai .... joué dans un film et je ne suis jamais ....

à la télé, mais j'ai .... beaucoup de

.... Et oui ! Mon père est .... à la télévision,

sur la .... France 2 ! Quelquefois, je vais avec lui ....

ses .... et je rencontre beaucoup de célébrités. J'ai ....

plus de .... autographes. Je les collectionne !

---

apprendre ◀ à ▶ **apprendre**

Et toi, comment trouves-tu la motivation quand c'est difficile ?

a.

b.

c.

Une collecte au collège

Les pronoms COI

1 **Réponds aux questions. Remplace les mots soulignés par *lui* ou *leur*.**

Exemple : Est-ce que Jeanne explique bien son idée <u>à Wassim</u> ? → Oui, elle <u>lui</u> explique bien son idée.

a. Tu as parlé <u>à tes parents</u> de notre projet ?

→ Oui, je ....

b. On donne des vêtements <u>à l'association</u> ?

→ Oui, on ....

c. Vous téléphonez bientôt <u>à tous les membres du club</u> ?

→ Oui, nous ....

d. Le professeur a demandé <u>aux élèves</u> de participer à l'action ?

→ Oui, il ....

e. Les élèves ont envoyé des paquets <u>aux Restos du Cœur</u> ?

→ Oui, ils ....

L'aide humanitaire

2 **Complète l'article.**

Des **collégiens** au service de la **solidarité**

Des .... ves d'un collège ont formé le C ....
Solidarité pour organiser une co .... pour les Restos du Cœur,
une .... ation qui vient en a .... aux personnes
en dif .... Émilie est la responsable du projet.

« Bonjour Émilie, c'est toi le chef du Club ?

– Oui, mais nous sommes toute une é ....

– Peux-tu nous préciser votre action ?

– Oui, nous avons collé des aff .... dans le collège
pour demander aux élèves d'apporter des pâtes, des gâteaux…

– Pourquoi de la .... ture ?

– Parce que les Restos du Cœur offrent des repas.

– Alors, bon courage et félicitations ! »

J'ai participé à la course contre la maladie !

Exprimer ses besoins et ses sensations / *Si* + présent

1 **a. Associe.**

a. J'ai faim.

b. J'ai besoin d'être utile.

c. J'ai soif.

d. J'ai mal aux pieds.

e. Je suis fatigué.

f. J'ai envie de voir mes amis.

1. Je bois.

2. Je me repose.

3. Je leur téléphone.

4. Je mange.

5. Je participe à une action humanitaire.

6. Je m'assois et j'enlève mes chaussures.

b. À partir de ces associations, forme des phrases comme dans l'exemple.

Exemple : **a.** *Si j'ai faim, je mange.*

b. ....

c. ....

d. ....

e. ....

f. ....

Présenter un projet

2 **Complète la fiche avec les informations suivantes.**

fatigue, mais grande satisfaction ! – 1 390 tours parcourus – aider les enfants malades – courir le plus de tours possible – une course contre la maladie – collecter de l'argent pour le Téléthon – trouver un parrain – on recommence l'année prochaine ! – le parrain donne 2 euros à chaque tour – collecte de 2 780 euros

Titre de l'action : *une course contre la maladie.*

Objectifs : ....

Règles de la course : ....

....

Résultats : ....

Commentaires : ....

....

Test :
Es-tu un bon secouriste ?

Les pronoms indéfinis *quelqu'un, quelque chose, personne, rien*

1 **a. Complète avec** *quelqu'un, quelque chose, personne* **ou** *rien*.

Exemple : Elle s'est cassé quelque chose ? → Non, elle ne s'est rien cassé.

a. Je peux faire .... ? → Non, vous ne pouvez .... faire.

b. .... a appelé les secours ? → Non, ... n'a appelé.

c. Vous avez envie de boire .... ? → Non, je n'ai envie de ....

d. Il y a .... chez toi ? → Non, il n'y a ....

e. Il s'est passé .... de grave ? → Non, ... de grave.

La santé et les secours

2 **Reconstitue les trois dialogues.**

a. Ne le bouge pas, assieds-toi, j'appelle les pompiers.　　**b.** Non, pourquoi ?

c. Non, je vais mettre de la crème.　　**d.** Aïe, aïe, aïe ! Je me suis coupé le doigt !

e. Tu ne dois pas faire ça ; il ne faut rien mettre sur une brûlure !

f. C'est possible, je ne peux plus le bouger.　　**g.** Aïe, aïe, aïe ! J'ai mal au bras !

h. Pour le mettre autour de la coupure, parce que tu saignes beaucoup.

i. Tu n'as pas un mouchoir propre ?　　**j.** Tu te l'es peut-être cassé ?

k. Aïe, aïe, aïe, je me suis brûlé la main !　　**l.** Mets vite ta main sous l'eau froide !

Dialogue n°1   *Dialogue n°2*   *Dialogue n°3*

→ k, ..., ..., ...　　→ ...., ..., ..., ...　　→ ...., ..., ..., ...

LEÇON 4
Ma page culture

Les Français et l'humanitaire

1 **Lis les informations et corrige les erreurs.**

Exemple : En France, il y a peu d'associations humanitaires.

→ *En France, il y a beaucoup d'associations humanitaires.*

a. Les Français donnent 1 milliard d'euros par mois aux actions humanitaires.

→ ....

b. L'association Emmaüs, créée en 1974, achète des vêtements et des objets qu'elle donne.

→ ....

c. Le 114 est le numéro de téléphone du Samu Social de France.

→ ....

d. Les Clowns de l'Espoir font rire les adultes malades dans les écoles.

→ ....

Mon cours de sciences

2 **Classe les attitudes dans le tableau.**

Je caresse mon chien quand je suis à table.

a.

Je me douche après le sport et je change de vêtements.

b.

Je ne me lave pas les mains avant d'aller manger.

c.

Je mets souvent mon stylo dans ma bouche.

d.

Je ne prête ma brosse à dents à personne.

e.

J'ouvre souvent la fenêtre de ma chambre.

f.

Je respecte les règles d'hygiène.	Je ne respecte pas les règles d'hygiène.
b, ...	....

Mon PORTFOLIO

1 **Évalue tes connaissances p. 84 de ton livre.**

2 **Colorie la cible en fonction de tes résultats.**

Tu as 0 ou 1 point → Colorie en 〰
Tu as 2 ou 3 points → Colorie en 〰
Tu as 4 ou 5 points → Colorie en 〰

Maintenant, tu sais...

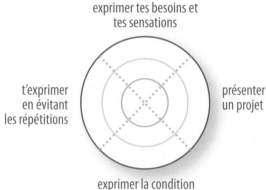

exprimer tes besoins et tes sensations

t'exprimer en évitant les répétitions

présenter un projet

exprimer la condition

3 **Fais les exercices correspondant à tes résultats.**

T'exprimer en évitant les répétitions (Tu as ● ou 〰)

1. Réécris les phrases en remplaçant les mots soulignés par *lui* ou *leur*.

Exemple : J'ai téléphoné <u>à mes amis</u>. → *Je leur ai téléphoné.*

a. Il explique son idée <u>à Akiko</u>.

→ ....

b. Elles répondent <u>aux élèves</u>. → ....

c. On donne des conseils <u>à son meilleur ami</u>. → ....

d. Nous avons donné les paquets <u>à Émilie</u>.

→ ....

e. J'ai envoyé un mél <u>à tous mes copains de classe</u>.

→ ....

Exprimer tes besoins et tes sensations (Tu as ● ou 〰)

2. Associe.

a. Je vais à l'infirmerie.

b. Je vais manger une pomme.

c. J'ai mangé beaucoup de bonbons.

d. J'ai joué avec mon chat.

e. J'achète une bouteille d'eau.

f. Je m'assois.

g. Je prends une douche froide.

h. Il fait noir dans la maison.

i. Je me couche.

j. Je ferme la fenêtre.

1. Je suis fatigué.

2. J'ai besoin de me laver les mains.

3. J'ai faim.

4. J'ai froid.

5. J'ai envie de dormir.

6. J'ai soif.

7. J'ai mal au ventre.

8. J'ai chaud.

9. J'ai besoin de me brosser les dents.

10. J'ai peur.

Présenter un projet
Tu as ou)

3. Lis le texte et souligne les passages qui répondent aux questions.

Samedi dernier, les élèves, les parents et les professeurs du collège Victor-Hugo ont participé à l'opération nationale organisée par l'association « Sport et handicap » à la piscine de la ville. Ils ont nagé pendant dix heures. Chaque personne a nagé 25 mètres et a passé le relais à une autre qui a nagé 25 mètres, etc. Le collège a donné 3 245 euros à l'association pour aider les enfants handicapés à pratiquer des activités sportives.

Bravo pour la solidarité !

a. Quand et où a eu lieu l'événement ?
b. Combien de temps est-ce que ça a duré ?
c. Quel est le nom de l'association ?
d. Qui a participé ?
e. Qu'est-ce qu'ils ont fait ?
f. Combien d'argent est-ce qu'ils ont collecté ?

Exprimer la condition
Tu as ou)

4. Souligne la condition, puis réécris la phrase comme dans l'exemple.

Exemple : prendre un médicament / avoir mal à la tête

→ Si tu as mal à la tête, tu prends un médicament.

a. voir un accident / appeler les pompiers → Si je ....

b. ouvrir la fenêtre / avoir chaud → Si tu ....

c. téléphoner à l'organisation / avoir envie de collecter de l'argent

→ Si vous ....

Tu as
partout ?
Tu es un
champion !!

5. Complète avec les mots suivants.

humanitaires – participe – collectes – quelqu'un – cœur – aider – hôpitaux – besoin – faire rire – nourriture

Je suis .... de très actif, j'ai .... de me

rendre utile et d'........................... les autres. Je .... souvent

à des actions .... : j'ai déjà été dans les ....

avec les Clowns de l'Espoir pour .... les enfants ;

j'organise aussi parfois dans mon collège des ....

de .... pour les Restos du ....

apprendre à **apprendre**

Et toi, comment fais-tu pour participer à un projet de groupe ?

a.   b.   c.

LEÇON

1

Moi et les autres

Pouvez-vous nous parler de votre métier ?

Poser une question formelle

1 **Transforme les questions en questions formelles.**

Exemple : Est-ce que tu es collégien ? → *Es-tu collégien ?*

a. Est-ce que tu as toujours étudié dans ce collège ?

→ ....

b. Combien de professeurs est-ce que tu as ?

→ ....

c. Où est-ce que vous faites du sport ?

→ ....

d. Est-ce que vous aimez étudier ici ?

→ ....

e. Quelle matière est-ce que tu préfères ?

→ ....

f. Est-ce que vous êtes déjà partis en voyage scolaire ?

→ ....

Les verbes *pouvoir* et *vouloir*

2 **Retrouve dans la grille toutes les formes des verbes *pouvoir* et *vouloir*.**

P	E	U	X	X	R	U	I	O	C	R	F	P
E	U	I	G	R	V	R	U	I	O	V	N	O
U	R	C	A	T	E	C	V	E	V	V	H	U
T	V	T	P	O	U	V	E	Z	X	O	U	V
R	O	Z	S	E	X	U	U	S	D	U	Y	O
E	U	E	S	B	Y	P	T	A	T	L	I	N
Z	L	V	E	U	L	E	N	T	I	O	V	S
V	E	U	I	P	H	U	G	Y	E	N	E	U
U	Z	A	V	E	U	X	J	U	P	S	X	N
L	N	T	E	Z	I	P	E	U	V	E	N	T

Plus tard, je voudrais...

LEÇON 2
Ma page perso

MODULE 7

Parler des qualités pour exercer un métier

1 Décode les noms des métiers et les qualités qu'il faut pour les exercer.

a. Pour être ...., il faut être ....

et ....

b. Pour être ...., il faut avoir

de l'... et être ....

....

c. Pour être ...., il faut savoir travailler

en .... et avoir des ....

....

♥	●	♪	➤	◉	🚗	🕐	✸	🐟	☺	◗	🏃	👁
A	B	C	D	E	F	G	H	I	J	K	L	M

🌲	🗏	♥	🔑	■	♣	➤	✪	🌀	⊝	♠	▲	◉
N	O	P	Q	R	S	T	U	V	W	X	Y	Z

Il faut + infinitif

2 Transforme les phrases comme dans l'exemple.

Exemple : Tu veux réussir ? Travaille ! → *Si tu veux réussir, il faut travailler.*

a. Vous êtes fatigué ? Dormez !

→ ....

b. Tu ne veux pas être en retard ? Pars à l'heure !

→ ....

c. Vous voulez être journaliste ? Posez beaucoup de questions !

→ ....

d. Tu veux devenir interprète ? Apprends plusieurs langues !

→ ....

e. Vous aimez les mangas ? Étudiez le dessin !

→ ....

Le jeu des métiers

Les métiers

1 **Devine de quel métier on parle. (Attention aux accords !)**

Exemple : Elle aime les ordinateurs. → Elle est I N F O R M A T I C I E N N E.

a. Il vend des chaussures dans un magasin. → Il est V _ _ _ _ _ _ _ .

b. Ils jouent dans un groupe de musique. → Ils sont M _ _ _ _ _ _ _ _ .

c. Il vend des livres. → Il est L _ _ _ _ _ _ _ .

d. Elle travaille dans un hôpital. → Elle est I _ _ _ _ _ _ _ _ _ _ ou M _ _ _ _ _ _ .

e. Il écrit des livres. → Il est É _ _ _ _ _ _ _ .

f. Il vient au secours des gens qui ont un accident dans la rue. → Il est P _ _ _ _ _ _ .

g. Ils font du pain. → Ils sont B _ _ _ _ _ _ _ _ _ .

h. Elle fait des films. → Elle est R _ _ _ _ _ _ _ _ _ _ _ .

2 **Classe les métiers par famille.**

footballeur – informaticien – médecin – acteur – journaliste – peintre –
vendeur – ingénieur – animateur – nageur – infirmier – libraire

Métiers **du commerce**

Métiers **de la santé**

Métiers **des arts**

Métiers **des technologies**

Métiers **de la communication**

Métiers **du sport**

Le cinéma français

❶ Lis les informations et classe-les dans le tableau.

| une chanteuse française | On ne voit pas que ce ne sont pas de vrais acteurs ! | la France |

| L'actrice est vraiment excellente dans ce rôle ! | le pôle Nord | un film réaliste | la Gaule |

| une biographie | des collégiens | une comédie | des manchots |

| un documentaire animalier | des héros gaulois | la France et les États-Unis |

| La nature est superbe ! C'est triste et amusant ! | C'est très drôle ! J'ai beaucoup ri ! |

Titre	*La Môme*	*Astérix aux Jeux olympiques*	*Entre les murs*	*La Marche de l'Empereur*
Genre	....	....	un film réaliste	....
Lieu de l'action	....	....	....	....
Personnage(s)	....	....	....	....
Commentaire(s)	....	....	....	....

Mon cours d'arts plastiques

❷ Complète les phrases avec les mots suivants.

seconde – dessiner – enregistrer – pages – ordinateur – bruits – animé – imaginer – dessin – bouger – illusion

a. Le folioscope est un livre avec un .... sur chaque

page. Si on tourne les .... très vite (24 images par

.................................), on croit voir les dessins ....

Il s'agit d'une .... d'optique.

b. Pour réaliser un dessin ...., il faut .... une histoire et

.... une vingtaine d'images ; ensuite, il faut .... les dialogues,

la musique et les ...., et enfin il faut tout travailler avec un ....

Mon PORTFOLIO

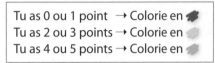

1 Évalue tes connaissances p. 96 de ton livre.

2 Colorie la cible en fonction de tes résultats.

Tu as 0 ou 1 point → Colorie en
Tu as 2 ou 3 points → Colorie en
Tu as 4 ou 5 points → Colorie en

Maintenant, tu sais...

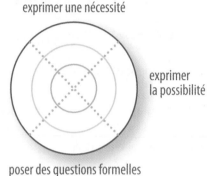

exprimer une nécessité

parler des qualités
pour exercer
un métier

exprimer
la possibilité

poser des questions formelles

3 Fais les exercices correspondant à tes résultats.

Parler
des qualités
pour exercer
un métier
(Tu as   ou   )

1. Lis les qualités associées à chaque métier et barre l'intrus.

Exemple : Un peintre doit être créatif, ~~sportif~~ et avoir des compétences artistiques.

a. Un libraire doit être cultivé, curieux et timide.

b. Un vendeur doit être gourmand, sociable et rapide.

c. Un infirmier doit aimer le cinéma, être patient et savoir écouter les gens.

d. Un jardinier doit aimer la nature, être organisé et sociable.

e. Un pompier doit est serviable, courageux et artiste.

f. Un footballeur doit aimer l'informatique, avoir l'esprit d'équipe et aimer les compétitions.

Exprimer
une nécessité
(Tu as   ou   )

2. Associe.

1. il faut manger.

2. il faut écouter à l'école.

a. Pour vivre, …

3. il faut respirer.

b. Pour réussir ses études, …

4. il faut avoir les bonnes qualités.

5. il faut dormir.

c. Pour faire le métier qu'on aime, …

6. il faut apprendre ses leçons.

7. il faut faire les bonnes études.

8. il faut s'exprimer en classe.

Exprimer
la possibilité
(Tu as ou)

3. Transforme les phrases comme dans l'exemple.

Exemple : Si je veux m'informer sur un pays, je cherche sur Internet.

→ *Si je veux m'informer sur un pays, je peux chercher sur Internet.*

a. Si tu veux connaître le cinéma français, va voir des films français.

→ ....

b. Si nous voulons faire un sondage sur les métiers, nous faisons un questionnaire.

→ ....

c. Si on veut aider les personnes en difficulté, on s'inscrit dans une association.

→ ....

Poser des
questions
formelles
(Tu as ou)

4. Pose des questions formelles.

Exemple : Est-ce que vous pouvez répéter ? → *Pouvez-vous répéter ?*

a. Est-ce que tu veux répondre à mes questions ? → ....

b. Quelle question est-ce que nous allons poser ? → ....

c. Pourquoi est-ce qu'elles ont raconté leur histoire ? → ....

d. Vous acceptez de répondre ? → ....

e. Quelles questions est-ce que vous allez poser ? → ....

Tu as
partout ?
Tu es un
champion !!

5. Complète le dialogue avec les mots suivants.

sportive – comment – facile – qualités – pompier – métier – équipe – faut – résistante – fille

– .... devient-on .... quand on est

une .... ? Quelles .... faut-il avoir ?

– Ce n'est pas très ...., car c'est plutôt un ....

de garçon. Il .... être .... ,

..............................., et aimer travailler en ....

apprendre ◀ à ▶ apprendre

Et toi, comment fais-tu pour bien comprendre une séquence vidéo ?

a.

Qu'est-ce qu'il a dit ?

Chuuut...

b.

CRH CRUNCH CRH CRUNCH
CRUNCH CRUNCH
On n'entend rien !

c.

Pourquoi est-ce qu'il y a des saisons ?

Parler du temps qu'il fait

1 **Observe et complète avec le temps qu'il fait.**

Aujourd'hui, il .... !

a.

Oh ! là, là !
.... beaucoup !

b.

Moins cinq degrés !!
.... !

c.

....
....

d.

Ce matin,
.... !

e.

Le pronom relatif où

2 **Associe pour former des phrases correctes.**

a. Madagascar est un pays…

b. La Terre est une planète…

c. La France est un pays…

d. La Lune est un lieu…

e. Le pôle Sud est une partie du monde…

f. Le cours de sciences est un cours…

1. où il y a quatre saisons.

2. où il fait toujours chaud.

3. où on a déjà marché, mais où il n'y a pas d'habitants.

4. où on fait beaucoup d'expériences !

5. où il y a des océans.

6. où il fait toujours froid.

LEÇON 2
Ma page perso

Ma vie en 2030

Le futur simple (verbes réguliers)

1 Conjugue les verbes au futur simple.

a. Comment est-ce que nous .... (vivre) dans le futur : vous êtes optimistes ou pessimistes ?

b. Moi, je suis optimiste, la science .... (apporter) beaucoup de bonnes choses !

c. Mais non ! Les scientifiques .... (inventer) des robots et ils .... (détruire) la planète !

d. Oui, et nous .... (habiter) sur une autre planète parce que les robots .... (prendre) le pouvoir sur la Terre !

e. Les garçons, vous lisez trop de science-fiction ! La nature .... (trouver) toujours une solution pour exister et elle .... (gagner) toujours sur les hommes !

f. Oui, vous .... (manger) toujours des fruits et des légumes, et vous .... (travailler), et vous .... (transmettre) tout ça à vos enfants !

Le futur simple (verbes irréguliers)

2 Place les formes verbales dans les robots, puis complète les phrases.

aurez – pourrons – serai – iras – devra – feront

a. pouvoir

b. être

c. avoir

d. faire

e. aller

f. devoir

1. Plus tard, je .... prêt pour un voyage sur Mars !

2. On .... trouver des solutions pour protéger notre planète !

3. Nous ne .... plus utiliser nos voitures dans les villes.

4. Vous, les ados du futur, vous .... cours à la maison, par ordinateur.

5. Les robots .... partie de notre vie à la maison.

6. Et toi, tu .... au travail en navette spatiale ou à vélo ?

Mars 2030

LEÇON 3 · Mes découvertes

Le système solaire et l'espace

1 **Décode le message.**

Des scientifiques de la ⟶●■■● ....

traversent notre ♣▲♣⟶●◉● ♣🅷🧍♥⛴■●

....

Ils arrivent dans une ♣♥🐛●⟶⟶● ♣♥♥⟶⛴♥🧍●

.... sur notre

♥🧍♥♣●⟶● ....! Maintenant, ils sont

près d'une de nos deux 🧍✪♣●♣ ....!!

♥	○	♫	🐟	●	🚗	🕐	✿	⛴	☺	👄	🧍	◉
A	B	C	D	E	F	G	H	I	J	K	L	M
♣	🅷	♥	◐	■	♣	⟶	✪	🐛	⊖	♠	▲	○
N	O	P	Q	R	S	T	U	V	W	X	Y	Z

Comparer deux éléments

2 **Complète les prédictions avec *plus (de)* ou *moins (de)*.**

Dans le futur…

a. Il y aura ....(+) problèmes sur la Terre.

b. Il fera beaucoup ....(+) chaud qu'aujourd'hui,

il y aura ....(-) soleil, mais ....(+) pluie.

c. Il y aura ....(-) animaux parce que beaucoup disparaîtront.

d. Les villes seront ....(+) grandes et la nature ....(-) jolie.

e. La Terre sera ....(-) belle qu'aujourd'hui !

LEÇON 4
Ma page culture

Sciences et Fiction

1 **Vrai ou faux ? Rétablis la vérité quand c'est faux.**

a. *La fusée Ariane* est une œuvre de science-fiction.

→ ....

b. Tintin a été le premier homme à marcher sur la Lune.

→ ....

c. *De la Terre à la Lune* est un des premiers romans de science-fiction.

→ ....

d. Georges Méliès a fait un voyage sur la Lune.

→ ....

e. *Science et Fiction* est une exposition de la Cité des Sciences de Paris.

→ ....

Mon cours de sciences

2 **Retrouve les cinq autres mots dans la grille et complète l'explication de Jeanne.**

D	E	U	E	L	E	C	T	S	T	A
E	L	E	C	T	R	I	C	I	T	E
Z	U	O	L	O	J	Y	U	N	U	T
F	M	R	A	N	G	E	S	U	I	U
H	I	I	I	N	O	O	R	A	G	E
C	E	V	R	E	U	E	G	G	E	V
I	R	S	Y	R	T	R	V	E	S	B
E	R	Q	G	R	B	F	F	S	F	J
L	T	A	H	E	F	V	V	F	C	N

Un orage ? C'est une lumière (l'...........................) et un bruit
(le ....), produits dans le .... quand
les .... sont pleins d'........................... statique.

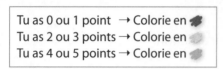 **Mon PORTFOLIO**

1 **Évalue tes connaissances p. 108 de ton livre.**

2 **Colorie la cible en fonction de tes résultats.**

Tu as 0 ou 1 point → Colorie en 🖌
Tu as 2 ou 3 points → Colorie en 🖌
Tu as 4 ou 5 points → Colorie en 🖌

Maintenant, tu sais...

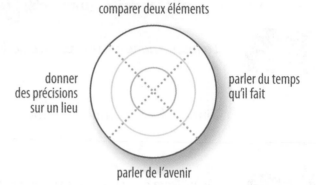

comparer deux éléments

donner
des précisions
sur un lieu

parler du temps
qu'il fait

parler de l'avenir

3 **Fais les exercices correspondant à tes résultats.**

Donner
des précisions
sur un lieu
(Tu as ⬤ ou ⬤)

1. Transforme les phrases comme dans l'exemple.

Exemple : Mars une planète / on voudrait aller <u>sur cette planète</u> en 2030.

→ *Mars est une planète où on voudrait aller en 2030.*

a. Je ne connais pas de pays / il ne pleut jamais <u>dans ces pays</u>.

→ ....

b. Tu vas visiter une ville / il y a beaucoup de châteaux <u>dans cette ville</u>.

→ ....

c. J'habite dans un village / il n'y a pas beaucoup d'habitants <u>dans ce village</u>.

→ ....

d. Nous ne pouvons pas habiter sur une planète / l'eau n'existe pas <u>sur cette planète</u>.

→ ....

Comparer
deux éléments
(Tu as ⬤ ou ⬤)

2. Trouve les cinq différences entre les planètes Alpha et Beta.
Utilise *plus (de)* et *moins (de)*.

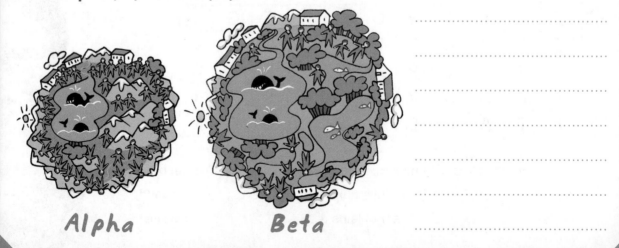

Alpha   Beta

....
....
....
....
....
....
....

3. Quel temps fait-il ?

Parler du temps qu'il fait (Tu as ⬤ ou ⬤)

 25°   -1°

a. → ....
....

b. → ....

c. → ....

d. → ....

e. → ....

4. Que feront-ils plus tard ?

Parler de l'avenir (Tu as ⬤ ou ⬤)

a.

b.

c.

→ Plus tard, il ....

→ Plus tard, elle ....

→ Plus tard, ils ....

5. Complète avec les mots suivants.

Tu as ⬤ partout ? Tu es un champion !!

planète – sera – robots – plus – saisons – pleut – plus – écrans – Terre – science – avenir

Enquête : les ados et la science

Les ados aiment .... la .... que leurs parents. Pourquoi ? Parce qu'ils veulent

tout comprendre : pourquoi la .... est malade, pourquoi il y a des .... ,

pourquoi il .... , comment est possible la vie sur une autre .... !

Et ils ne peuvent pas vivre sans la technologie, alors ils veulent encore .... de

.... , d' .... , etc. Quel .... leur .... ?

apprendre ◀ à ▶ **apprendre**

Et toi, comment fais-tu pour comprendre une conversation en français ?

a.

b.

c.

Visite guidée de mon collège :

....

Dessine ici le plan de ton collège et les lieux importants.

Fais la visite guidée : écris des commentaires sur les différents lieux et personnes de ton collège.

....

....

....

....

Ma chambre idéale

Dessine ici ta chambre idéale ou colle des photos.

Présente ta chambre idéale. Décris où se trouvent
les meubles et les objets.

....

....

....

....

....

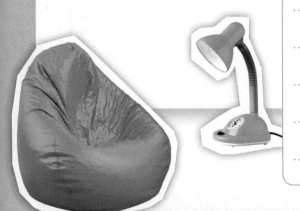

Mon dossier perso

Ma collection : ....

Nom de l'objet de ta collection :

....

Dessine ou colle un objet
de ta collection.

Dessine ou colle un objet
de ta collection.

Nom de l'objet de ta collection :

....

Dessine ou colle un objet
de ta collection.

Dessine ou colle un objet
de ta collection.

Nom de l'objet de ta collection :

....

Nom de l'objet de ta collection :

....

Explique quelle est ta passion et pourquoi tu fais cette collection.

....

....

....

Mon déjeuner : ....

Dessine ou colle les éléments de ton entrée.

Colorie ou colle une boisson dans ton verre.

Dessine ou colle les éléments de ton dessert.

Dessine ou colle des aliments dans ton assiette.

Écris un petit texte pour présenter ton menu.

....

....

....

Mon dossier perso

Ma **star** préférée : ....

Colle ici une photo de ta star.

Colle ici une photo de ta star.

Colle ici une photo de ta star.

Écris une petite biographie de ta star.

....

....

....

....

....

Mon **dossier** perso

Mon projet humanitaire :

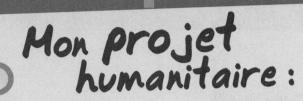

....

Illustre ici ton expérience.

Illustre ici ton expérience.

Illustre ici ton expérience.

Décris ton expérience.

J'ai participé à...

....

....

....

....

....

....

....

Mon dossier perso

Le métier de mes rêves : ....

Écris une qualité nécessaire pour faire ce métier.

Pour être ....,

il faut ....

....

Écris une qualité nécessaire pour faire ce métier.

Pour être ....,

il faut ....

....

Dessine ou colle ici une photo pour illustrer le métier de tes rêves.

Écris une qualité nécessaire pour faire ce métier.

Pour être ....,

il faut ....

Écris une qualité nécessaire pour faire ce métier.

Pour être ....,

il faut ....

Écris une qualité nécessaire pour faire ce métier.

Pour être ....,

il faut ....

Mon habitant d'une autre planète :

....

Dessine ici ton habitant d'une autre planète.

Écris un petit texte pour décrire ton personnage.

....

....

....

....

....

Corrigés des exercices de remédiation

MODULE 1 > p. 10-11

1. a. Ils sont marocains. **b.** Elle est algérienne. **c.** Il est japonais. **d.** Elles sont allemandes.

2.

```
A V A S T R E S S E
B M M E U B E A L S
G O U R M A N D I T
E T X I G V D R V R
N I S E E A M O O E
T V E U N R P L L R
I E R X I D E E S S
L M A N T I M I D E
```

3. histoire-géographie – arts plastiques – français – cantine – maths – physique-chimie

4. a. (pourquoi) 4 – **b.** (où) 1 – **c.** (quand) 3 – **d.** (comment) 2

5. motivé – toujours – stressé – sciences-physiques – matière – jamais – devoirs – comment – apprendre – comprend

MODULE 2 > p. 16-17

1. a. entre – **b.** au-dessus du – **c.** sur – **d.** à côté d' – **e.** sous

2. a. (veux) 3 – **b.** (veulent) 6 – **c.** (veut) 4 – **d.** (voulez) 2 – **e.** (voulons) 5 – **f.** (veux) 1

3. e – i – a – f – h – c – d – g – b – j

4. fenêtres – lit – tapis – fauteuil – ordinateur – lampe – il y a – étagères – photos

5. a. voulons – sur – péniche – veut – **b.** château – escaliers – parc – **c.** veux – chambre – meubles – objets

MODULE 3 > p. 22-23

1. a. Soixante-douze euros. **b.** Deux euros et soixante-quinze centimes. **c.** Cent euros et quatre-vingt-onze centimes. **d.** Un euro et quatre-vingt-deux centimes.

2. a. 1 – **b.** 5 – **c.** 2 – **d.** 3 – **e.** 4

3. a. (Paul) 2 – **b.** (Thibault) 3 – **c.** (Lucie) 4 – **d.** (Marie) 1

4. a. pour – **b.** de – **c.** de – **d.** c'est – **e.** les

5. vide-greniers – fous d' – de collection – passionnez pour – d'occasion – acheter pas cher – de l'argent de poche – acheter ou vendre

MODULE 4 > p. 28-29

1. a. 250 grammes – **b.** paquet – **c.** du / de la – **d.** cuillère – **e.** trop – **f.** assez

2. a. 4 – b. 3 – **c.** 2 – **d.** 1

3. *Exemples de réponses:* **a.** Il doit manger au moins quatre repas par jour ! **b.** Elle ne doit pas boire trop de boissons sucrées. / Elle doit boire de l'eau. **c.** Vous ne devez pas manger trop de bonbons ou de chips! **d.** Tu dois manger des fruits et des légumes !

4. de la confiture – du jus de fruits – des bananes – du sucre / une boîte de sucre – du fromage – du café / un paquet de café

5. repas – de – les – morceaux – de – desserts – recettes

MODULE 5 > p. 34-35

1. a. dix mille cinq cents / douze mille – **b.** mille neuf cent quatre-vingt-cinq / deux mille – **c.** deux cent dix / trois cent vingt – **d.** cent quatre mille / cent huit mille

2. est resté – est sorti – a raconté – ai […] eu – avons parlé – avons mangé – ai vu – ont donné

3. a. d'abord – **b.** pendant – **c.** à la fin – **d.** ensuite – **e.** au début

4. c – a – f – d – b – e

5. née – célèbre – jamais – passée – déjà – vu – stars – animateur – chaîne – pendant – émissions – eu – cinq cent soixante-dix-neuf

MODULE 6 > p. 40-41

1. a. Il lui explique son idée. **b.** Elles leur répondent. **c.** On lui donne des conseils. **d.** Nous lui avons donné les paquets. **e.** Je leur ai envoyé un mél.

2. a. 7 – **b.** 3 – **c.** 9 – **d.** 2 – **e.** 6 – **f.** 1 – **g.** 8 – **h.** 10 – **i.** 5 – **j.** 4

3. a. samedi dernier / à la piscine de la ville – **b.** 10 heures – **c.** «Sport et handicap» – **d.** les élèves, les parents et les professeurs du collège Victor-Hugo – **e.** chaque personne a nagé 25 mètres – **f.** 3 245 euros

4. a. Si je vois un accident, j'appelle les pompiers. **b.** Si tu as chaud, tu ouvres la fenêtre. **c.** Si vous avez envie de collecter de l'argent, vous téléphonez à l'organisation.

5. quelqu'un – besoin – aider – participe – humanitaires – hôpitaux – faire rire – collectes – nourriture – cœur

MODULE 7 > p. 46-47

1. a. timide – **b.** gourmand – **c.** aimer le cinéma – **d.** sociable – **e.** artiste – **f.** aimer l'informatique

2. a. 1, 3, 5 – **b.** 2, 6, 8 – **c.** 4, 7

3. a. […], tu peux aller voir des films français. **b.** […], nous pouvons faire un questionnaire. **c.** […], on peut s'inscrire dans une association.

4. a. Veux-tu répondre à mes questions ? **b.** Quelle question allons-nous poser ? **c.** Pourquoi ont-elles raconté leur histoire ? **d.** Acceptez-vous de répondre ? **e.** Quelles questions allez-vous poser ?

5. comment – pompier – fille – qualités – facile – métier – faut – résistante – sportive – équipe

MODULE 8 > p. 52-53

1. a. Je ne connais pas de pays où il ne pleut jamais. **b.** Tu vas visiter une ville où il y a beaucoup de châteaux. **c.** J'habite dans un village où il n'y a pas beaucoup d'habitants. **d.** Nous ne pouvons pas habiter sur une planète où l'eau n'existe pas.

2. *Exemples de réponses:* Sur la planète Alpha, il y a plus d'habitants que sur la planète Beta. Sur la planète Beta, il y a plus d'océans que sur la planète Alpha. La planète Beta est plus grande que la planète Alpha. La planète Alpha a plus de montagnes que la planète Beta. La planète Beta est plus verte (a plus de végétation, de forêts) que la planète Alpha.

3. a. Il pleut et il fait 25 degrés. **b.** Il fait très beau mais il fait froid. **c.** Il y a de l'orage et il fait chaud. **d.** Il neige et il fait moins un degré. **e.** Il y a des nuages et du soleil.

4. *Exemples de réponses:* **a.** Plus tard, il ira sur la lune. / Il voyagera dans l'espace. / Il visitera les autres planètes. **b.** Plus tard, elle voyagera autour du monde. / Elle fera le tour du monde. / Elle visitera tous les pays du monde. **c.** Plus tard, ils deviendront célèbres. / Ils feront du cinéma. / Ils seront des acteurs célèbres.

5. plus – science – Terre – saisons – pleut – planète – plus – robots – écrans – sera – avenir

Mes notes

Mes notes

Achevé d'imprimer en Janvier 2020 en Italie par Stige
Dépôt légal : Juillet 2011 - Édition n° 13
15/5717/2